COULEURS DE FRANCE

Réalisation : Editions Minerva SA, Genève-Paris
Conception : Publications Delta
Textes d'Isabelle Aguet

© Editions Minerva SA, Genève-Paris
et Publications Delta, 1993

Toute reproduction, même partielle, de cet ouvrage est expressément soumise à l'autorisation des Editions Minerva et des Publications Delta.

Ci-dessous : Vue prise en baie de Carnolès.

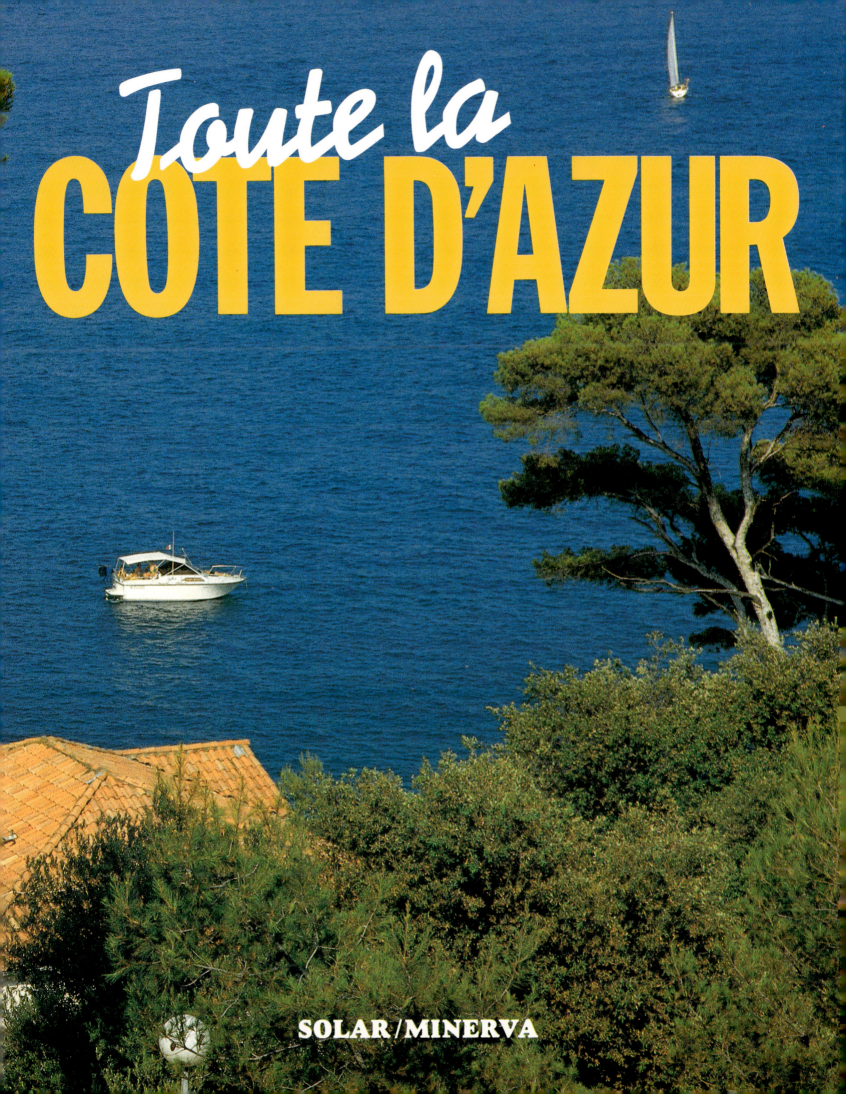

TOULON & SES ENVIRONS

Deux vues de Toulon et sa rade. La grille de l'Amirauté.

Séparant deux régions de la Provence, Toulon, chef-lieu du Var, a connu une histoire mouvementée. Dès l'Antiquité, guerriers et navigateurs trouvèrent dans sa rade un abri sûr d'où s'élançaient vers l'Orient galères, frégates et corvettes. Pendant longtemps, le bagne de Toulon fut aussi tristement célèbre.
Venus de tous les continents, les marins font escale dans son port, contribuant au romantisme des nuits blanches, des bars à filles et des buveurs nostalgiques.
Brégaillon est le port marchand de Toulon, La Seyne le port de pêche et de plaisance. Tamaris et Les Sablettes, avec leurs plages de sable fin, sont installées dans la rade.
Le plus important des nombreux musées qui méritent une visite dans cette importante agglomération est le Musée naval.

A gauche : port et champs de Carqueiranne. Ci-dessus : à Toulon, le port de plaisance. En bas : hauteurs des environs de la ville ; le mont Faron dominant Toulon.

Nombreux sont les buts d'excursion aux environs de Toulon. A 13 kilomètres seulement, on découvre la ravissante petite commune de Carqueiranne, sa plage, ses cultures de fruits et légumes.
Un peu plus loin, Sanary, son port et sa station bordée de palmiers et de tamaris, est doté d'une plage de sable fin, de même que la cité d'Ollioules, avec son château et son marché aux fleurs. Dans l'arrière-pays, les gorges d'Ollioules ne manquent pas d'impressionner le visiteur.
Le sommet du mont Faron, qui domine Toulon, offre un véritable belvédère sur l'ensemble de la rade et la presqu'île de Saint-Mandrier.

HYÈRES & SES ÎLES

A gauche : Hyères. Les vestiges du château. Une place de la ville ancienne ; une avenue de la ville moderne. Ci-dessus : à l'extrémité de la presqu'île de Giens, le petit port d'où l'on embarque pour Porquerolles. Ci-dessous : le château fort de Giens.

Véritable porte de la Côte d'Azur, Hyères est connue depuis le 18e siècle pour la douceur de son climat hivernal. Au 19e siècle, la réputation de cette station — appelée aussi Hyères-les-Palmiers — s'étendit jusqu'à la lointaine Russie. La vieille ville garde des noms de rues pittoresques : rue Barbacasse, rue Paradis... Au sud, la côte devient plate et marécageuse. C'est là que s'étend la presqu'île de Giens, d'où l'on embarque pour Porquerolles, l'une des îles d'Hyères. Le port le plus fréquemment emprunté pour cette destination est celui de La Tour Fondue, à l'extrémité de la presqu'île. On y laisse sa voiture, les îles étant réservées aux piétons et aux cyclistes.

Porquerolles. Rivages boisés. Le port principal. Une crique. Rochers au soleil couchant.

L'île de Porquerolles est la plus grande des îles d'Hyères, appelées aussi les îles d'Or. Terre d'asile sous François Ier, elle ne tarda pas à se transformer en un véritable repaire de pirates. Louis XIV y mit bon ordre et, pour repousser ces indésirables, fit construire entre autres le fort de Sainte-Agathe, sur un promontoire de l'île.
Recouverte d'une végétation très touffue, de tamaris, d'eucalyptus et de mimosas qui en font sa beauté, Porquerolles, devenue réserve de l'Etat, protège la faune et la flore. Dans ses pinèdes, les sous-bois offrent aux promeneurs une agréable fraîcheur.

Porquerolles. Château fort et château. Boutique et café de la place centrale. L'église. Jardins et villas à proximité du port.

Les Grecs appelèrent Porquerolles la « Protée » du nom de leur dieu marin, fils de Poséidon. Son port est minuscule, mais son phare, au sud, s'élève à 90 m au-dessus de la mer. Ses deux plages, à l'est, ont nom « la courtade » et « Notre-Dame ». Le fort fut érigé au 16e siècle. Ce fut la première tentative de la France pour protéger l'île des pirates. En face, l'îlot du « Petit Langoustier », dominé lui aussi par un fort, évoque les aventures guerrières de la région.
Les promeneurs apprécient les nombreuses balades qu'offre l'île : jusqu'au sémaphore, à la plage d'Argent et à la pointe du Grand Langoustier, autant de petites explorations pleines de charme.

Port-Cros. Le débarcadère. Le château et le port. Sous les pins, une route de la côte ouest. A droite : la côte face au large ; villas ; vue plongeante sur le château. Plage et rochers.

Petit paradis de la nature, Port-Cros est la plus montagneuse des îles d'Hyères. Les Grecs l'appelaient « Mesé », celle du milieu. Ses côtes sont très découpées et la mer est si belle et pure qu'on y voit des fonds de 40 m.
Par un décret de 1963, Port-Cros est devenu parc national naturel et port marin. Les pins, les eucalyptus, les buissons de myrte, de lavande, de bruyère voient s'ébattre en liberté des flamants, des palombes, des cormorans, dans la classique promenade du vallon de la Solitude.
L'île du Levant, troisième des îles d'Hyères, n'offre pas un intérêt particulier, à moins que l'on ne soit adepte du nudisme : chaque année, les naturistes, en effet, se pressent en foule dans le village d'Héliopolis, qui leur est attribué.

BEAUTES DE LA COTE VAROISE

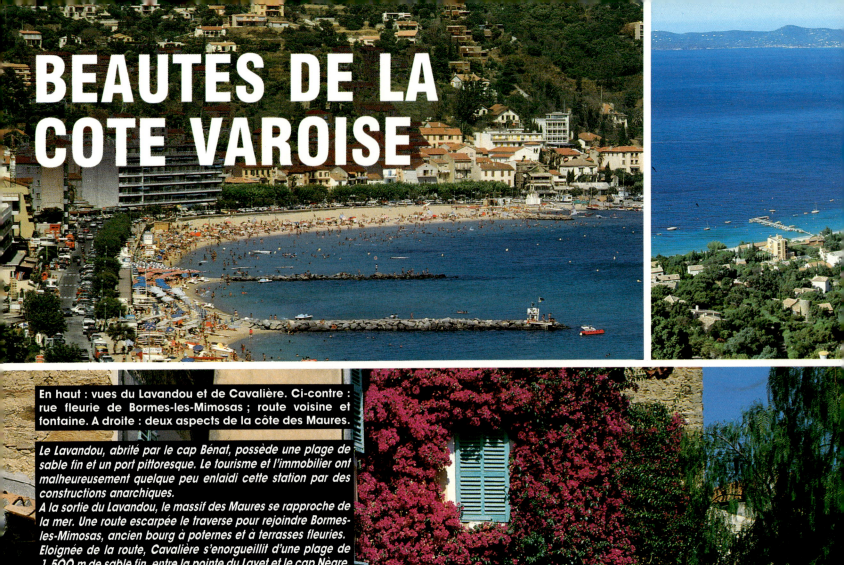

En haut : vues du Lavandou et de Cavalière. Ci-contre : rue fleurie de Bormes-les-Mimosas ; route voisine et fontaine. A droite : deux aspects de la côte des Maures.

Le Lavandou, abrité par le cap Bénat, possède une plage de sable fin et un port pittoresque. Le tourisme et l'immobilier ont malheureusement quelque peu enlaidi cette station par des constructions anarchiques.
A la sortie du Lavandou, le massif des Maures se rapproche de la mer. Une route escarpée le traverse pour rejoindre Bormes-les-Mimosas, ancien bourg à poternes et à terrasses fleuries. Eloignée de la route, Cavalière s'enorgueillit d'une plage de 1 500 m de sable fin, entre la pointe du Layet et le cap Nègre, à l'extrémité duquel se blottit la petite station de Pramousquier.

Le Rayol. Mer et jardins. Villas sur les hauteurs. En bas : port de plaisance et plage de Cavalaire.

Les belles grèves de Cavalaire, station très fréquentée, se situent entre le cap Cavalaire et le cap Lardier. Plus discrète, Le Rayol se cache parmi les pentes couvertes de pins, de lauriers-roses et de mimosa, qui font de ce site privilégié un véritable enchantement en toutes saisons.
Etayé en amphithéâtre, Le Rayol occupe un des beaux ravins de la corniche, au pied de la chaîne des Pradels. Cet Eldorado végétal et floral fut la station à la mode dans les années 20. Au-dessus du Rayol, c'est le « val de beauté », domaine plus austère des aloès et des cactées.

RAMATUELLE & GASSIN

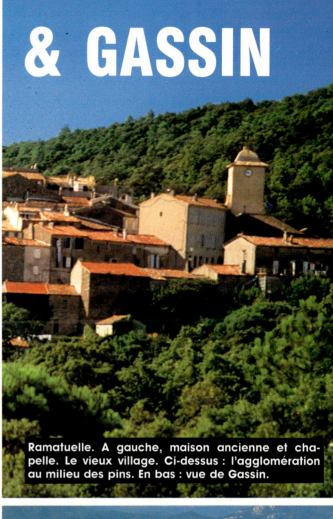

Ramatuelle. A gauche, maison ancienne et chapelle. Le vieux village. Ci-dessus : l'agglomération au milieu des pins. En bas : vue de Gassin.

Ramatuelle s'est développée vers la mer, mais le vieux village au milieu des vignes est toujours aussi pittoresque. Au centre, l'église et un immense ormeau datent tous deux du 17e siècle. Autour s'enchevêtrent les ruelles étroites et tortueuses. Dans son cimetière est enterré l'acteur Gérard Philipe, en costume de prince de Hombourg.

A 201 m de hauteur, Gassin a conservé son caractère médiéval. Village-sentinelle sur un piton escarpé, il fut fondé au 12e siècle par les Templiers. Ses maisons et ses remparts sont encore en parfait état. De son boulevard circulaire, la vue s'étend sur le golfe de Saint-Tropez, la baie de Cavalaire, les îles d'Hyères et les Maures.

SAINT-TROPEZ, DIT "SAINT TROP"

A gauche : vue d'ensemble de Saint-Tropez. Au-dessous et ci-contre : le port et la vieille ville.

Hors saison, Saint-Tropez n'a rien perdu de son charme. Mais, à partir du 15 juin, cet adorable village est envahi par une foule de touristes et de vacanciers. Proie des pillards arabes au Moyen Age, Saint-Tropez fut détruite puis reconstruite au 15e siècle, avant de devenir, en 1677, l'apanage de la famille du célèbre marin, le bailli de Suffren. C'est vers la fin du 19e siècle qu'elle fut une véritable révélation pour les peintres et les romanciers.
Les yachts, simples ou luxueux, se serrent côte à côte dans le port, tandis que sur les quais se succèdent cafés, restaurants, night-clubs, boutiques et galeries d'art.

Saint-Tropez. Le « Café des Arts » et un quai du port. A droite : clocher et chapelle ; procession de « La Bravade » ; partie de pétanque. La plage de Tahiti.

Les habitants de Saint-Tropez célèbrent, le 15 juin, la fête traditionnelle de la Bravade, qui évoque le martyre du militaire romain Tropes, décapité pour avoir proclamé sa foi en Christ et, aussi, la victoire des Tropéziens sur les galères espagnoles, en 1637.
La chapelle de l'Annonciade (17e siècle) située sur les quais est devenue musée d'Art moderne. On y trouve des tableaux de Vlaminck, Derain, Braque, Bonnard, Rouault et, surtout, des œuvres de Paul Signac, le premier peintre « découvreur » de Saint-Tropez, à la fin du 19e siècle.
Les plages proches de Saint-Tropez, dont celle de Tahiti, sont aménagées avec goût et extrêmement fréquentées à la belle saison.

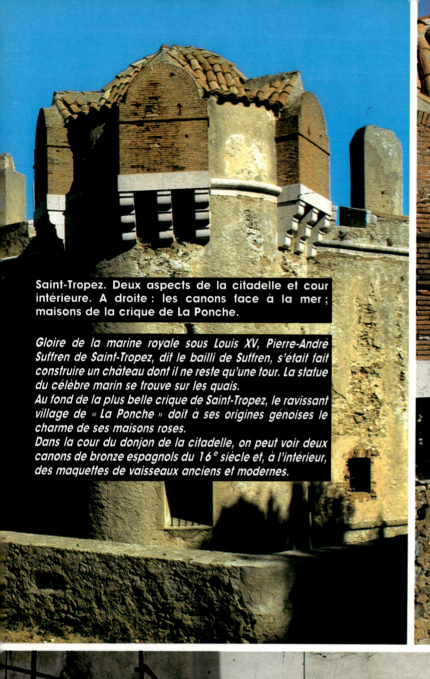

Saint-Tropez. Deux aspects de la citadelle et cour intérieure. A droite : les canons face à la mer ; maisons de la crique de La Ponche.

Gloire de la marine royale sous Louis XV, Pierre-André Suffren de Saint-Tropez, dit le bailli de Suffren, s'était fait construire un château dont il ne reste qu'une tour. La statue du célèbre marin se trouve sur les quais.
Au fond de la plus belle crique de Saint-Tropez, le ravissant village de « La Ponche » doit à ses origines génoises le charme de ses maisons roses.
Dans la cour du donjon de la citadelle, on peut voir deux canons de bronze espagnols du 16e siècle et, à l'intérieur, des maquettes de vaisseaux anciens et modernes.

LES MAURES & L'ESTEREL

Beaux arbres du massif des Maures ; ruines du château de Grimaud. En bas : le village et l'église de Grimaud.

Au cœur du massif des Maures, à 415 m d'altitude, en pleine forêt de châtaigniers s'élèvent les ruines romantiques de la Chartreuse de La Verne, bâtie en 1170 et classée monument historique.
Situé dans les environs, Grimaud est un des villages les plus typiques des « villages perchés » de Provence. Ses maisons à arcades, son église romane et sa Maison des Templiers témoignent de son passé mouvementé. Gibalin de Grimaldi, héros de la reconquête provençale sur les Arabes, est à l'origine du nom de Grimaud, en souvenir des Grimaldi.
Non loin de Grimaud, le gros bourg de Cogolin conserve les restes d'un bastion médiéval, une tour d'horloge, mais surtout l'église Saint-Sauveur, érigée au 11e siècle. A Cogolin, on fabrique des tapis tissés à la main, des pipes, des bouchons de liège et des cannes à pêche. La culture de la vigne y est aussi à l'honneur.

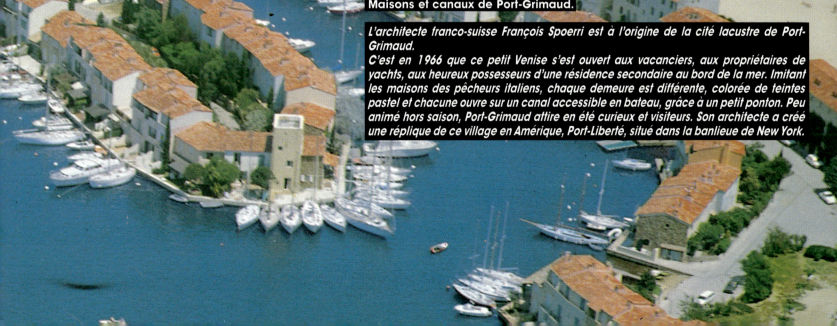

Maisons et canaux de Port-Grimaud.

L'architecte franco-suisse François Spoerri est à l'origine de la cité lacustre de Port-Grimaud.
C'est en 1966 que ce petit Venise s'est ouvert aux vacanciers, aux propriétaires de yachts, aux heureux possesseurs d'une résidence secondaire au bord de la mer. Imitant les maisons des pêcheurs italiens, chaque demeure est différente, colorée de teintes pastel et chacune ouvre sur un canal accessible en bateau, grâce à un petit ponton. Peu animé hors saison, Port-Grimaud attire en été curieux et visiteurs. Son architecte a créé une réplique de ce village en Amérique, Port-Liberté, situé dans la banlieue de New York.

A gauche : pins parasols près de La Garde-Freinet. Le mimosa, fleur fétiche de la Côte d'Azur. Ci-contre : un aspect de Sainte-Maxime et deux vues des Issambres. En bas : port et plage de Saint-Aygulf.

A 360 m d'altitude et en plein massif des Maures, La Garde-Freinet fut longtemps un site fortifié des Arabes. Détruite au 16ᵉ siècle, la citadelle n'est plus que ruines. Tout autour du village s'étend une des forêts les plus sauvages des Maures, couverte de chênes-lièges, de pins d'Alep et de châtaigniers.
Le massif des Maures s'abaisse ensuite jusqu'aux Issambres, dont le nom provient des tribus cimbres, qui occupèrent les premières ce site, actuellement en pleine croissance immobilière.

Ci-dessus et ci-contre : vestiges des arènes de Fréjus et cloître de la cathédrale. Ci-dessous : la plage de Saint-Raphaël. A droite : rochers et paysage des Maures.

Sur la route reliant l'Italie à la Gaule, les Romains construisirent à Fréjus une importante base navale. Détruite par les Barbares, la cité fut reconstruite au 10e siècle, grâce à l'évêque Riculphe, comme en témoignent la belle cathédrale et son cloître.
Célèbre pour son élégance et sa beauté, la station de Saint-Raphaël est fréquentée aussi bien l'hiver que l'été. Golf, casino, yacht-club, rien ne manque au confort et aux loisirs de ses hôtes.
De Fréjus au golfe de La Napoule, l'autoroute de l'Estérel traverse deux montagnes : au nord le massif du Tanneron, au sud celui de l'Estérel. Quelques plantations, une végétation sauvage et des collines couvertes de mimosas caractérisent la région du Tanneron.

A gauche : les rochers de l'Estérel ; vue d'Agay ; criques d'Anthéor ; marina de Port-la-Galère. Ci-dessus : vues de Théoule et du château de La Napoule. Ci-dessous : curieuses constructions à Théoule (au fond, la baie de Cannes).

A partir de Saint-Raphaël, les rochers si typiques de l'Estérel ont donné à cette partie du littoral méditerranéen le nom de Corniche d'Or. La tour du Dramont domine la pittoresque petite rade d'Agay. Au-delà d'Anthéor, sur environ sept kilomètres, l'Estérel s'offre dans toute sa beauté tourmentée. De style provençal, la marina de Port-la-Galère est d'un modernisme hardi.
A l'écart de la route, au pied de l'Esquilon, le charmant petit port de Théoule précède le golfe de La Napoule, où s'élève un ancien château, restauré par le sculpteur américain Henry Clews.

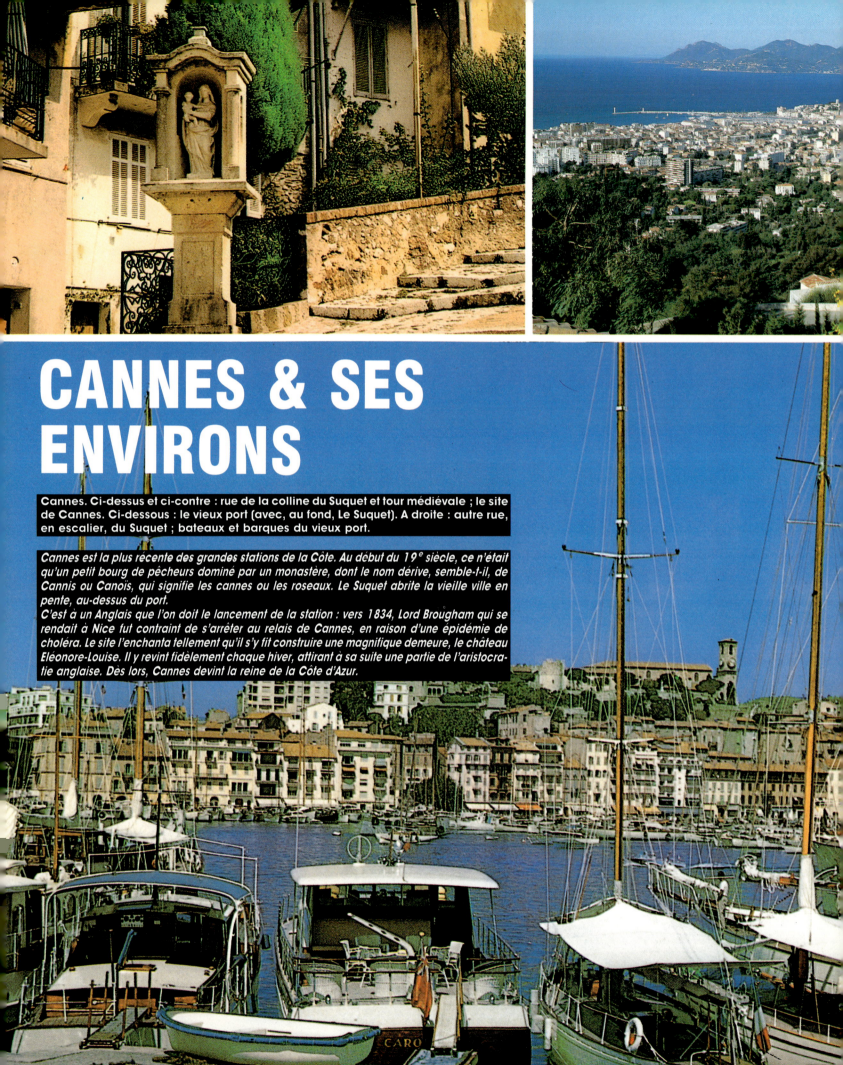

CANNES & SES ENVIRONS

Cannes. Ci-dessus et ci-contre : rue de la colline du Suquet et tour médiévale ; le site de Cannes. Ci-dessous : le vieux port (avec, au fond, Le Suquet). A droite : autre rue, en escalier, du Suquet ; bateaux et barques du vieux port.

Cannes est la plus récente des grandes stations de la Côte. Au début du 19ᵉ siècle, ce n'était qu'un petit bourg de pêcheurs dominé par un monastère, dont le nom dérive, semble-t-il, de Cannis ou Canoïs, qui signifie les cannes ou les roseaux. Le Suquet abrite la vieille ville en pente, au-dessus du port.
C'est à un Anglais que l'on doit le lancement de la station : vers 1834, Lord Brougham qui se rendait à Nice fut contraint de s'arrêter au relais de Cannes, en raison d'une épidémie de choléra. Le site l'enchanta tellement qu'il s'y fit construire une magnifique demeure, le château Eléonore-Louise. Il y revint fidèlement chaque hiver, attirant à sa suite une partie de l'aristocratie anglaise. Dès lors, Cannes devint la reine de la Côte d'Azur.

Cannes. Le vieux port et le Palais des Festivals. En bas : le port Canto. A droite : la Croisette ; l'entrée du Palais des Festivals et le jardin voisin ; vue sur les collines ; l'hôtel Carlton.

Devenu le rendez-vous des élégances, Cannes a vu défiler des rois, des vedettes, des beautés tapageuses... La Croisette et les jardins marins ont été créés à la fin du Second Empire. Planté de palmiers, bordé de palaces et de luxueux immeubles, le boulevard de la Croisette s'étend sur deux kilomètres et demi et longe une plage de toute beauté. Dans le port Canto, les yachts attendent leurs maîtres, personnalités du monde entier.
A l'entrée de la Croisette côté est se trouve le nouveau Palais des Festivals et des Congrès. Il abrite le casino municipal, un auditorium de 2 400 places, le théâtre Debussy, des studios de radio et de conférences.

Cannes. Scènes de plage. Jardin d'une villa. A droite : la plage privée de l'hôtel Martinez. Vue de la cité et de sa rade, la nuit.

Ce merveilleux front de mer devait séduire, outre les célébrités de l'aristocratie et de la finance, nombre d'artistes, surtout des peintres. Citons parmi eux Vuillard, Renoir, Bonnard et Picasso, qui acheta en 1934 une vaste demeure, « La Californie » située dans les collines. Il y occupa un atelier baroque, avant de s'installer à Mougins.
Une petite croix qui s'élevait jadis à l'extrémité du boulevard, à la pointe de la Croisette, lui a donné son nom. Les plages artificielles et le port de plaisance de Palm Beach terminent cette partie de Cannes.

Les îles de Lérins, au large de Cannes. A gauche, Sainte-Marguerite. Ci-contre et ci-dessous, Saint-Honorat et son couvent et une pointe boisée.

Au loin, en face de Cannes s'étalent les deux îles de Lérins : Sainte-Marguerite et Saint-Honorat. La première est la plus vaste et la plus proche du continent. Dès 1685, le célèbre fort Sainte-Marguerite, bâti sur l'emplacement d'une citadelle romaine, devint prison d'État. On y montre encore la cellule du mystérieux « Masque de fer ».
C'est au 4ᵉ siècle qu'un ermite, Saint-Honorat, fonda un monastère sur l'île qui devait porter son nom, tandis que sa sœur Marguerite fondait un couvent de religieuses dans l'île voisine. D'après la légende, l'ancienne Lérina était envahie par les serpents mais Dieu fit périr les reptiles, pendant que Saint-Honorat s'était réfugié sur un palmier. Quelques moines distillent encore actuellement la liqueur traditionnelle de l'île, la lérina.

Le port de Golfe-Juan. En bas, la plage de Juan-les-Pins. Au centre, une statue de Picasso sur la place de Mougins, *L'homme au mouton*. L'artiste vécut longtemps dans ce village proche de Cannes. A droite : entrée de l'hôtel Eden-Roc au cap d'Antibes et détail des jardins.

Tout près de Cannes, Le Cannet est né de la réunion de quatorze hameaux périphériques. Agréablement calme, la vie s'y déroule à l'écart de l'agitation de la Côte. C'est là que les collines s'écartent, permettant le développement de Golfe-Juan, où Napoléon débarqua, le 1er mars 1815, à son retour de l'île d'Elbe.
Très bien équipée, dotée d'une plage de qualité, la station de Juan-les-Pins fait partie de la commune d'Antibes. C'est là que se déroule chaque été le Festival mondial du jazz.
Dans un amphithéâtre de collines couvertes de vignes, d'oliviers et d'orangers, Vallauris est mondialement connu pour ses poteries. Les céramiques de Picasso sont exposées dans deux salles du Musée municipal.

AU CAP D'ANTIBES

Vues diverses du Cap d'Antibes. Sur cette photo, on reconnait l'hôtel Eden-Roc. A gauche, toits des serres, ou l'on cultive notamment les roses.

Sous une frondaison de pins et de mimosas se cachent de luxueuses villas et de somptueux hôtels : le cap d'Antibes est une véritable promenade au paradis terrestre.
Sur le plateau de La Garoupe, la vue s'étend par temps clair de Saint-Tropez à Bordighera, en Italie. L'endroit est doté d'un phare d'une portée en mer de 70 à 80 kilomètres et, pour les avions, de 250 à 300 kilomètres. De tous les phares de la Côte d'Azur, c'est l'un de ceux qui a la plus grande puissance.
La chapelle originale de Notre-Dame-du-Bon-Port fut fondée au 5e siècle par les moines de Lérins. C'est la patronne des marins. Elle fait partie du sanctuaire de La Garoupe, qui renferme de nombreux ex-voto.

ANTIBES ET SES REMPARTS

A gauche : le vieil Antibes et ses remparts. Ci-contre, la terrasse du château, devenu musée Picasso, ornée de statues de l'artiste. En bas, la côte et ses monts (les « baous ») vus du cap d'Antibes.

Fondée au 4ᵉ siècle par les Grecs de Massilia, Antibes s'appelait Antipolis, de par sa situation en face de Nice. Au Moyen Age, Antibes occupait une position stratégique unique, à la frontière de la France et de la Savoie. Vauban acheva ses remparts pour en faire une place forte, au sud-est du royaume.
Dans la vieille ville, le château Grimaldi, devenu musée Picasso, est surmonté du Fort-Carré où le général Bonaparte fut emprisonné quelques jours, lors de la chute de Robespierre.
A part le musée Picasso, le château Grimaldi expose une collection archéologique de l'époque romaine et des toiles du peintre Nicolas de Staël, qui acheva ses dernières œuvres à Antibes, avant de se suicider, en 1955.

Antibes. Le château et la cathédrale, dominant la vieille ville. En bas, jardins faisant suite aux remparts et détail d'une des tours de la cathédrale. A droite, aspects divers des remparts et façade du château.

Antibes n'a cessé de se développer et un grand port de plaisance a remplacé les vieux bassins. La ville est célèbre pour ses champs de fleurs, qui font encore sa richesse : produits en serre, roses, œillets et anémones couvrent des millions de mètres carrés et les pépinières fournissent tous les jardins de la Riviera.
C'est en 1946 que Picasso dota la ville d'œuvres variées, allant de la céramique à la tapisserie, du dessin à la peinture. Le tout fut achevé en une seule saison.
Le clocher de l'église de l'Immaculée-Conception est une ancienne tour carrée du 12e siècle. Dans la chapelle se trouve un retable du célèbre artiste de la Renaissance, Louis Bréa. Sculpté dans le bois d'un tilleul, un Christ gisant est chargé d'émotion.

A gauche, Marineland à Biot, près d'Antibes, et ruelle du village. Ci-contre et en bas, les pyramides futuristes de Marina-Baie-des-Anges et la façade du musée Fernand Léger, ornée d'une fresque en céramique, de l'artiste, à Biot.

Près de l'embouchure du Loup, Marina-Baie-des-Anges, réalisation d'un modernisme hardi, est un ensemble étonnant de terrasses et de jardins suspendus, au bord de la mer.
Accroché à une colline, Biot est devenu prospère grâce à la fabrication de ses céramiques et de sa verrerie d'art.
Tout près de Biot, le Mas Saint-André fut la propriété du peintre Fernand Léger. Transformé en musée, il abrite des œuvres importantes de l'artiste et fut offert à l'État par Nadia Léger.

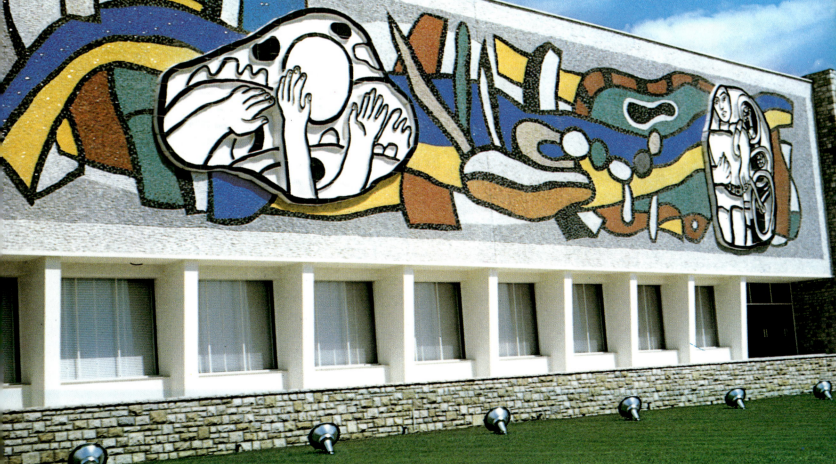

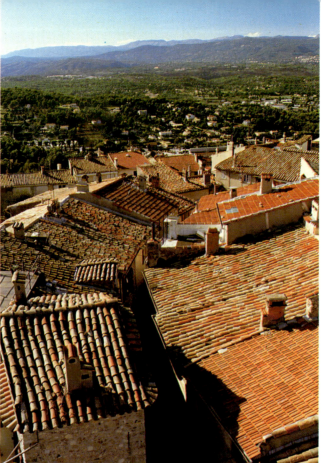
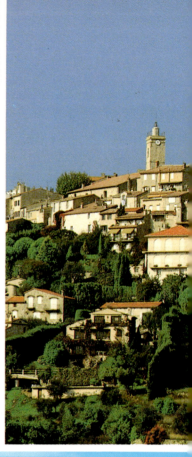

Ci-dessus, trois aspects de Mougins et sa fontaine. Ci-contre, vue de Valbonne. A droite, les édifices modernes de Sophia-Antipolis, centre de recherches et de bureaux.

Valbonne est située dans un cadre de pinèdes et de maquis, non loin d'Opio, où le Club Méditerranée s'est installé récemment. Mais c'est de Notre-Dame-du-Brusc qu'il faut partir pour atteindre Mougins. Cette intéressante construction, dans la campagne aux alentours de Valbonne, servit de nécropole romaine pendant plus de six siècles.
Mougins, qu'aima Picasso, offre le charme tranquille de ses rues en pente et ses senteurs de jasmin. Toujours aux environs de Valbonne, Sophia Antipolis, de style californien, groupe des bureaux et centres d'études et les sièges de sociétés internationales.

GRASSE CHARGEE D'HISTOIRE

Deux vues de Grasse et la petite porte de La Fontette. A droite, les arcades de la place aux Aires, une ancienne fontaine et le portail de l'hôtel de Cabris. A côté, la tour de guet et une fontaine à vasques, typiquement provençale.

Cité des parfums, Grasse compte une vingtaine d'usines qui reçoivent leur matière première non seulement de la Provence, mais de toutes les régions de France et même de l'étranger : l'ambre gris, par exemple, qui sert à « fixer » le parfum.
L'agglomération moderne et la vieille ville s'enchevêtrent : l'hôtel de ville, la cathédrale Notre-Dame-du-Puy et le musée Fragonard en sont les points forts.
Le musée d'Art et d'Histoire de Provence se situe dans une demeure du 18e siècle, où vécut la remuante Louise de Mirabeau, sœur du député du tiers état. Elle épousa le marquis de Cabris et fréquenta un temps Pauline Bonaparte, la sœur de Napoléon, qui, séparée du prince Borghèse, habita Grasse, elle aussi.

Deux vues de Gourdon. En bas : une salle du château. Deux aspects de Bar-sur-Loup.

Parmi les pittoresques villages de la vallée du Loup, Gourdon « la Sarrasine » est l'un des plus spectaculaires : il se situe sur un éperon rocheux, à 800 m de hauteur, avec ses vieilles maisons aux tuiles rouges et son château des comtes de Provence, bâti au 13ᵉ siècle sur les ruines d'une forteresse sarrasine. La cour d'honneur, les salles voûtées mauresques, le petit musée d'art médiéval impressionnent le visiteur.
Dominé par son château, Le Bar-sur-Loup est un village provençal particulièrement typique du style médiéval, situé au milieu de cultures d'orangers et de jasmin. C'est là que naquit le comte François de Grasse, qui devint amiral et se distingua en Amérique, lors de la guerre de Sécession.

Sur cette page : ancien moulin à huile (14e siècle) à Opio et vue de Magagnosc, près de Grasse. A droite : clocher, chapelle romane et sommets proches, à Saint-Cézaire-sur-Siagne.

Dans la campagne de Grasse, Opio est un beau village aux maisons résidentielles, parmi les oliveraies et les champs de fleurs.
A Saint-Cézaire-sur-Siagne, comme dans toute la région, l'art roman, dont l'architecture est représentée particulièrement par les édifices religieux, atteint son apogée.
Maganosc possède deux sanctuaires : l'église Saint-Laurent et la chapelle Saint-Michel. Quant à l'aimable village de Cabris qui domine le pays grassois, écrivains et artistes y ont depuis longtemps élu domicile.

AU PIED DES "BAOUS"

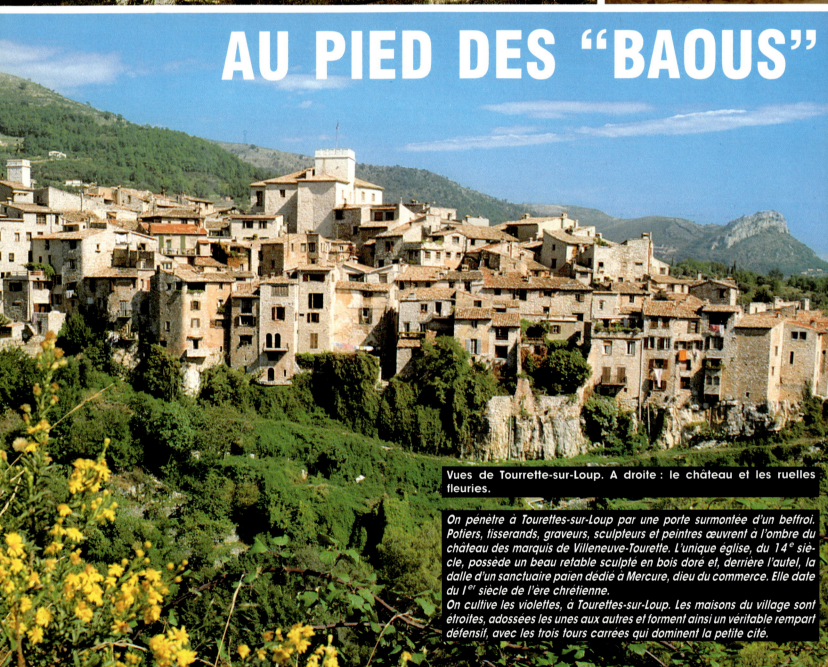

Vues de Tourrette-sur-Loup. A droite : le château et les ruelles fleuries.

On pénètre à Tourettes-sur-Loup par une porte surmontée d'un beffroi. Potiers, tisserands, graveurs, sculpteurs et peintres œuvrent à l'ombre du château des marquis de Villeneuve-Tourette. L'unique église, du 14ᵉ siècle, possède un beau retable sculpté en bois doré et, derrière l'autel, la dalle d'un sanctuaire païen dédié à Mercure, dieu du commerce. Elle date du Iᵉʳ siècle de l'ère chrétienne.
On cultive les violettes, à Tourettes-sur-Loup. Les maisons du village sont étroites, adossées les unes aux autres et forment ainsi un véritable rempart défensif, avec les trois tours carrées qui dominent la petite cité.

Gréolières et les ruines de son château féodal. Ci-dessus : clocher de l'église et baous voisins. En bas, Coursegoules.

Gréolières se trouve en amont des gorges du Loup. Au-delà des ruines de son château, la route conduit à la station de sports d'hiver de Gréolières-les-Neiges, située à une altitude de 1 450 m.
Au milieu de paysages désertiques, Coursegoules (1 000 m) est abrité des vents du nord par le baou de Saint-Jeannet. Il est curieux de constater que le mot « baou », devenu synonyme de rocher dans l'arrière-Côte d'Azur, n'a apparemment rien à voir avec une déesse sumérienne nommée Baou et dont le Larousse nous apprend qu'elle fut honorée jadis à Lagash, en Mésopotamie...
Une des richesses de l'église de Coursegoules est un retable original de Louis Bréa, qui représente saint Jean-Baptiste entre sainte Pétronille et saint Gothard.

La vieille ville de Vence ; ci-dessous, la fontaine du Peyra. Au centre : portail de la cathédrale et sommet de la fontaine du Peyra. A droite, passage attenant au château et fontaine à l'entrée de la vieille ville.

De nos jours encore, Vence est gardée par plusieurs portes monumentales et fortifiées. Au pied du château, la place du Peyra se situe à l'emplacement de l'antique cité romaine de Vintium.
Protégée par les falaises grises et blanches des baous, Vence est le paradis des oliveraies, des orangers, des lauriers-roses et de toutes sortes de fleurs et de plantes vivaces, même en hiver. Hors de la ville, la chapelle du Rosaire, construite en 1950, a été décorée par Matisse. « Je la considère, a dit l'artiste, malgré toutes ses imperfections, comme mon chef-d'œuvre... un effort qui est le résultat de toute une vie consacrée à la recherche de la vérité. »

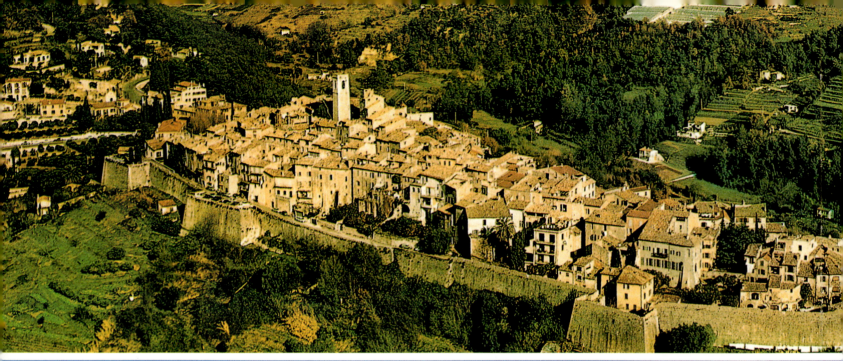

Saint-Paul. Deux aspects du célèbre village. A droite : l'entrée de l'hôtel de la Colombe d'Or ; aspect et tour des remparts. En bas : cour du musée Maeght.

Vieux village fortifié, Saint-Paul était à l'origine un observatoire militaire. A l'intérieur de ses portes monumentales, des ruelles étroites, sinueuses et pentues serpentent, coupées d'escaliers et de voûtes.
Saint-Paul est devenu mondialement célèbre depuis que tant d'artistes en ont fait leur site d'élection : Jacques Prévert, Marcel Carné, Simone Signoret et Yves Montand furent les hôtes de la « Colombe d'Or ». Lamartine les avait précédés en 1850, pour l'inauguration de la fontaine du village.
Tout près de la cité, la Fondation Maeght est un centre d'art moderne.

Depuis Cagnes-sur-Mer, vue sur les premiers sommets des Alpes. Port du Cros-de-Cagnes. En bas : la cour intérieure du château et un aspect de celui-ci dominant la vieille ville, édifiée sur un piton. L'entrée du château.

Cagnes est la ville des peintres. Auguste Renoir y mourut en 1919, après avoir passé ses dernières années dans sa belle propriété des Collettes, devenue « musée du souvenir ».
C'est en 1310 que la forteresse crénelée sur la colline dominant Cagnes fut accordée en fief à Rainier Ier Grimaldi, souverain de Monaco. Les seigneurs Grimaldi en furent chassés à la Révolution.
Au milieu de ce siècle, le Cros-de-Cagnes n'était qu'un hameau de pêcheurs. Depuis, un port, des plages et des immeubles de luxe ont été édifiés, face à la mer. Son hippodrome attire des foules de plus en plus importantes.

NICE LA BELLE

Nice. Vue depuis le port et le grandiose monument aux morts de la corniche. Ci-contre, la Promenade des Anglais, une villa curieuse (le « château de l'Anglais »), l'église russe et un aspect de la plage.

Son front de mer a fait la gloire de Nice. Les riches Anglais s'y installèrent dès 1731, dans le quartier de la Croix-de-Marbre. A cette époque, la côte était marécageuse et le révérend Lewis Way fit construire un chemin le long du littoral, « lou camin dei Anglès » en dialecte niçois. En 1932, ces quatre kilomètres longeant la mer devinrent la célèbre promenade des Anglais. Le carnaval de Nice attire chaque année une foule en délire. Trois semaines avant le Mardi Gras, Sa Majesté Carnaval fait son entrée dans la ville, accompagné de chars fleuris, de masques et d'une pluie de confettis.
« La Grande parade du jazz » se tient en juillet, dans les jardins des arènes de Cimiez.

Nice. A gauche, l'hôtel Negresco, sur la Promenade des Anglais. Au-dessous, la place Masséna. Sur cette page : les nouveaux jardins jouxtant la place Masséna ; l'entrée de l'hôtel Negresco, la villa Masséna et l'une des fontaines de la place Masséna.

L'empereur Napoléon avait surnommé Masséna « l'enfant chéri de la Victoire ». Né à Nice en 1758, André Masséna, duc de Rivoli, prince d'Essling, maréchal de France, s'illustra entre autres à Rivoli et à Wagram. C'est en 1792 que les troupes françaises ravirent la ville de Nice aux Piémontais. L'année suivante, les Niçois demandaient d'être rattachés à la France et Bonaparte y établissait son quartier général pour lutter contre la Sardaigne. En 1815, lorsque l'Empire s'écroula, Nice revint à la Savoie. Cinquante ans plus tard, lors du plébiscite réclamé par Napoléon III et le roi d'Italie, Nice se prononça à une écrasante majorité pour son rattachement à la France.

Nice. Au cœur de la vieille ville, la place de la cathédrale et sa fontaine. Au centre et à droite : vestiges du château de Nice (la tour Bellanda), les jardins et la cascade.

Nice est née avant l'ère des civilisations, sur le flanc du mont Boron. La cité se développa après le 10ᵉ siècle, sur l'actuelle colline du château, puis descendit le long du Paillon après l'extension de la citadelle en 1543. Enlevée à deux reprises à la Savoie par les troupes royales, elle fut rasée en 1706 sur ordre de Louis XIV.
Le parc qui couvre la colline est actuellement un musée lapidaire de plein air. La tour Bellanda, rebâtie en 1825 sur l'énorme bastion Saint-Elme de la forteresse, fut habitée pendant quelque temps par le compositeur Hector Berlioz. Elle abrite aujourd'hui le musée de la Marine.

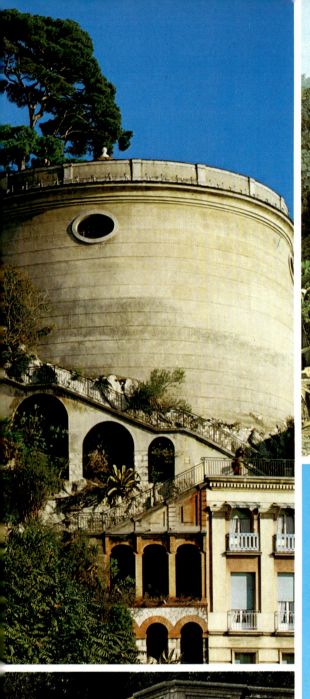

Nice. Maisons et rue de la vieille ville. A droite, le marché aux fleurs.

Nice est une grande ville, mais son port est de peu d'importance. La cité doit son développement au tourisme et au commerce des fleurs. C'est aussi une ville universitaire et résidentielle, siège de fréquents congrès.
La population autochtone habite surtout les rues tortueuses et les maisons à l'italienne de la vieille ville, groupée autour de la cathédrale Sainte-Réparate, place Rosetti. Dans ce vieux Nice, le linge sèche aux fenêtres, comme c'est l'usage dans la péninsule. Entre mer et château, la cité est très animée : restaurants populaires, échoppes d'artisans, marchands de pan-bagnat attirent le visiteur avide de pittoresque. L'admirable marché aux fleurs propose toute l'année ses brassées de couleurs et de parfums et le célèbre carnaval de Nice fait la joie aussi bien des habitants que des étrangers.

Nice. A gauche : ornements d'une ancienne façade et salle du moderne complexe Acropolis. Sur cette page, trois aspects du port et des constructions avoisinantes.

Sur le continent, Nice est la tête de pont avec la Corse. Son port n'offre cependant pas de grands bassins, ni un grand trafic. En revanche, les amateurs de musées seront comblés : musée d'Histoire naturelle sur l'évolution du monde, curieux musée des Mollusques, musée du Vieux-Logis, somptueux musée Masséna, dans le style « Belle Epoque », tout comme le musée Chéret, qui offre un choix très éclectique de peintres et de sculpteurs.
La « villa des Arènes », construite au 17ᵉ siècle entre les ruines des thermes et celles de l'amphithéâtre, abrite des collections archéologiques et un musée Matisse, présentant toutes les œuvres réalisées par le peintre dans son atelier de Cimiez.

Nice. A gauche : monastère et ruines romaines de la colline de Cimiez. Sur cette page : deux vues de la maison de l'écrivain belge Maurice Maeterlinck. Ci-contre, le mont Boron et son observatoire.

Des hauteurs qui l'environnent, Nice apparaît dans toute son ampleur, face à l'arc parfait que dessine la baie des Anges. De l'autre côté du bassin, au pied du mont Boron, transformé lui-même en parc de promenade, un chemin de piétons fait le tour du cap de Nice, tandis que la corniche intérieure fait celui du mont Boron.
Plus au nord, la colline de Cimiez, avec ses belles villas et surtout l'ensemble des arènes et du monastère, est un but de promenade intéressant. Cimiez fut en effet une ville gallo-romaine importante, avant de devenir, aux 4e et 5e siècles, le siège d'un évêché.

VILLEFRANCHE & LE CAP FERRAT

Début du Cap Ferrat et aspects de la rade de Villefranche-sur-Mer. A droite : trois vues de la vieille ville de Villefranche. Au-dessous, la villa Rothschild et ses somptueux jardins.

Bien protégée des vents, la magnifique rade de Villefranche est une des gloires de la Riviera qui s'étend jusqu'à Menton et l'Italie. Son port fut créé au 14e siècle par Charles II d'Anjou, comte de Provence et roi de Sicile, qui lui accorda la franchise commerciale, d'où son nom.
Avec sa citadelle, ses vieilles rues escarpées et voûtées, Villefranche a conservé tout son charme moyenâgeux. La chapelle Saint-Pierre, décorée en 1957 par Jean Cocteau, évoque la vie de l'apôtre.
La plage voisine rejoint la presqu'île de Saint-Jean-Cap-Ferrat, où de luxueuses villas se dissimulent dans la verdure. Le roi Léopold II de Belgique y séjourna et fit aménager le « sentier du roy » par lequel on arrive au phare. Une villa-musée a été léguée à l'Académie des Beaux-Arts par sa propriétaire, Mme Ephrussi de Rothschild.

A gauche, vues de Saint-Jean-Cap-Ferrat. Ci-contre, face au Cap, l'ancien village d'Eze, ses cactées et la place devant l'église.

La moyenne et la grande corniche offrent une suite de panoramas et de belvédères qui forcent l'admiration. Tel est le curieux village d'Eze, vrai nid d'aigle sur un rocher dominant la mer. Le château fut démoli sur l'ordre de Louis XIV, mais garde encore fière allure. Les ruelles coupées de passages voûtés, les vieilles maisons luxueusement rénovées attirent depuis longtemps écrivains, artistes et artisans. Le jardin exotique, entouré des vestiges de l'ancien château, réserve au visiteur un panorama exceptionnel sur toute la Riviera, même jusqu'à la Corse, si le temps est suffisamment clair.
Par la corniche inférieure et le sentier Frédéric Nietzsche, on descend à Eze-bord-de-Mer. C'est à Eze que le philosophe allemand Nietzsche composa une partie de son maître livre : « Ainsi parlait Zarathoustra ».

Villas et aspects de la côte à Cap-d'Ail. Ci-dessus, à droite : une villa de Beaulieu.

La Tête de Chien domine de sa hauteur la station de Cap-d'Ail, dont les maisons, les palmiers, les cyprès et les pins descendent jusqu'à la mer. Vers l'est, un sentier fait le tour du cap d'Ail et permet d'apercevoir Beaulieu, le Cap-Ferrat et le rocher de Monaco.
L'ancien port et la petite plage de galets de Beaulieu-sur-Mer sont abrités par le cap Ferrat. Le nouveau port est réservé aux bateaux de plaisance. La curiosité de Beaulieu est la villa Kerylos, à la pointe des Fourmis. Reflet de l'art grec, elle fut construite au début du siècle par l'architecte Pontremoli, à la demande de Théodore Reinach, riche amateur passionné d'archéologie. Cette demeure est décorée de pièces authentiques allant du 6e siècle avant J.-C. au 2e siècle de notre ère.

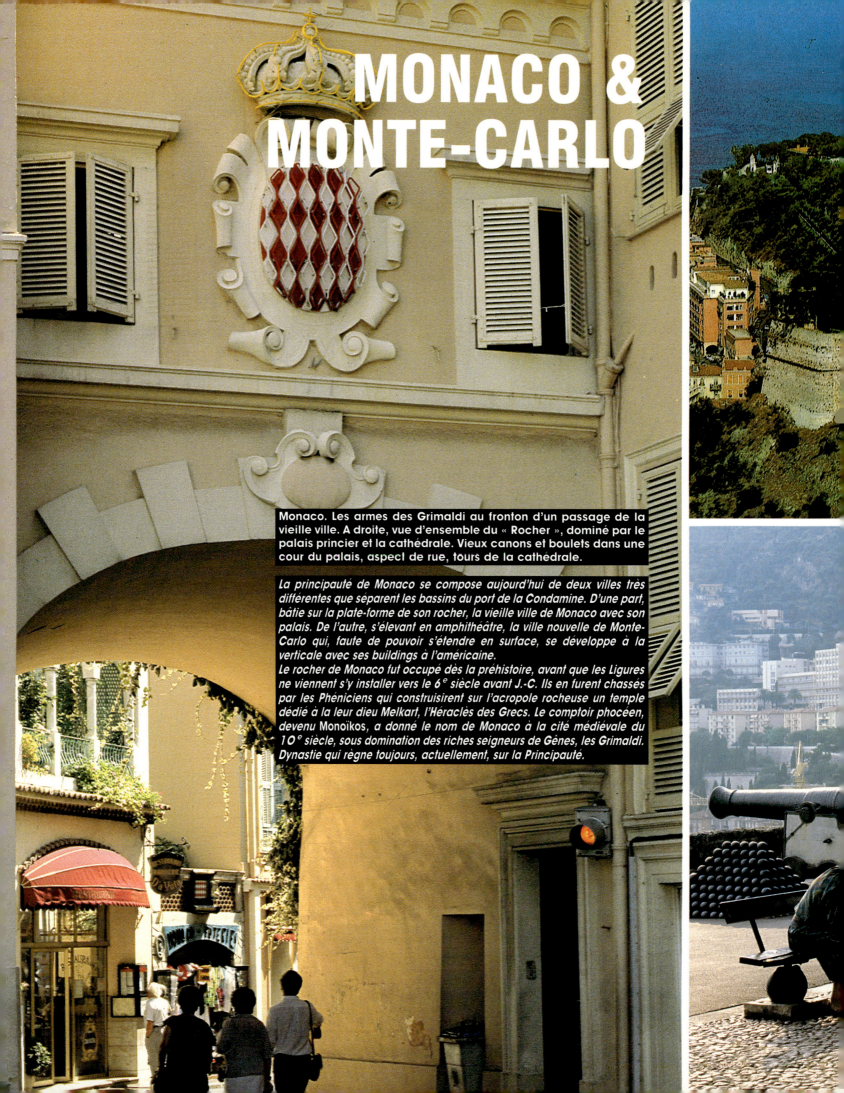

MONACO & MONTE-CARLO

Monaco. Les armes des Grimaldi au fronton d'un passage de la vieille ville. A droite, vue d'ensemble du « Rocher », dominé par le palais princier et la cathédrale. Vieux canons et boulets dans une cour du palais, aspect de rue, tours de la cathédrale.

La principauté de Monaco se compose aujourd'hui de deux villes très différentes que séparent les bassins du port de la Condamine. D'une part, bâtie sur la plate-forme de son rocher, la vieille ville de Monaco avec son palais. De l'autre, s'élevant en amphithéâtre, la ville nouvelle de Monte-Carlo qui, faute de pouvoir s'étendre en surface, se développe à la verticale avec ses buildings à l'américaine.
Le rocher de Monaco fut occupé dès la préhistoire, avant que les Ligures ne viennent s'y installer vers le 6e siècle avant J.-C. Ils en furent chassés par les Phéniciens qui construisirent sur l'acropole rocheuse un temple dédié à la leur dieu Melkart, l'Héraclès des Grecs. Le comptoir phocéen, devenu Monoikos, a donné le nom de Monaco à la cité médiévale du 10e siècle, sous domination des riches seigneurs de Gênes, les Grimaldi. Dynastie qui règne toujours, actuellement, sur la Principauté.

Monaco. Divers aspects du palais. Ci-dessous, la pittoresque relève de la garde.

Quelques tours crénelées subsistent autour du palais du Prince, rappelant le château médiéval du 13ᵉ siècle. Au sud, les constructions sont de style Renaissance ou classique. Pour accéder à la cour d'honneur, on passe par un énorme portail décoré des armes des Grimaldi. La salle du Trône et les salons où ont lieu les réceptions officielles sont ornés de tapis et de meubles de grande valeur.
Dans le Musée océanographique, également Institut de recherches scientifiques, inauguré en 1910 par le prince Albert Iᵉʳ, l'aquarium est l'un des plus riches du monde, avec ses 4 500 poissons de 50 espèces différentes.
La famille princière de Monaco est apparentée à celle des Bonaparte, d'où l'existence, dans une aile du palais, du Musée napoléonien.

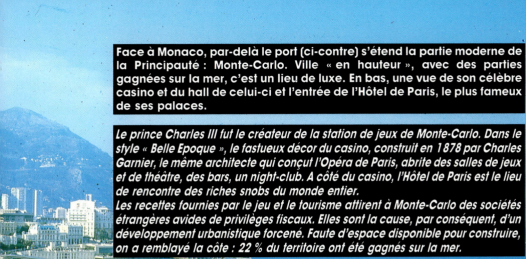

Face à Monaco, par-delà le port (ci-contre) s'étend la partie moderne de la Principauté : Monte-Carlo. Ville « en hauteur », avec des parties gagnées sur la mer, c'est un lieu de luxe. En bas, une vue de son célèbre casino et du hall de celui-ci et l'entrée de l'Hôtel de Paris, le plus fameux de ses palaces.

Le prince Charles III fut le créateur de la station de jeux de Monte-Carlo. Dans le style « Belle Epoque », le fastueux décor du casino, construit en 1878 par Charles Garnier, le même architecte qui conçut l'Opéra de Paris, abrite des salles de jeux et de théâtre, des bars, un night-club. A côté du casino, l'Hôtel de Paris est le lieu de rencontre des riches snobs du monde entier.
Les recettes fournies par le jeu et le tourisme attirent à Monte-Carlo des sociétés étrangères avides de privilèges fiscaux. Elles sont la cause, par conséquent, d'un développement urbanistique forcené. Faute d'espace disponible pour construire, on a remblayé la côte : 22 % du territoire ont été gagnés sur la mer.

Monte-Carlo, en bord de mer, avec vue sur le rocher de Monaco, son futuriste palais des Congrès (ci-dessus) et son jardin exotique (ci-contre).

Au bas de la terrasse du casino de Monte-Carlo et surplombant la mer, on a créé un palais des congrès ultramoderne, dont les hôtes de passage bénéficient également des plages artificielles, des piscines de luxe, des clubs sportifs de la gentry, dont la Principauté n'est pas avare.
Accroché à une falaise, au-dessus de Monaco, le jardin exotique, outre ses merveilleux points de vue sur Monte-Carlo et la Riviera italienne, permet d'admirer une collection de cactées plus que centenaires. La grotte de l'Observatoire, située dans le jardin, fera la joie des amateurs de stalactites et de stalagmites. On y voit également des ossements datant de la préhistoire.

Roquebrune. Ses toits de tuiles rouges et son château. A gauche : l'entrée de la villa Porre Clementina. A droite : la presqu'île de Roquebrune et deux vues de Cap-Martin.

La commune de Roquebrune-Cap-Martin s'étend le long de la mer entre Monte-Carlo et Menton. Roquebrune est surtout remarquable par son château haut perché, construit au 10e siècle par le comte de Vintimille. Ce fut d'abord un simple donjon, poste de défense contre les Sarrasins. Au 15e siècle, la famille Grimaldi fit renforcer les remparts et établir des logements pour les hommes d'armes et leurs familles. Des ruelles escarpées conduisent au donjon, couvertes en pente raide ou en escaliers, bordées d'ateliers et de magasins de souvenirs. Dernière péninsule de la Côte, la presqu'île du Cap-Martin, couverte de pinèdes et d'oliviers, regorge de magnifiques propriétés fleuries.

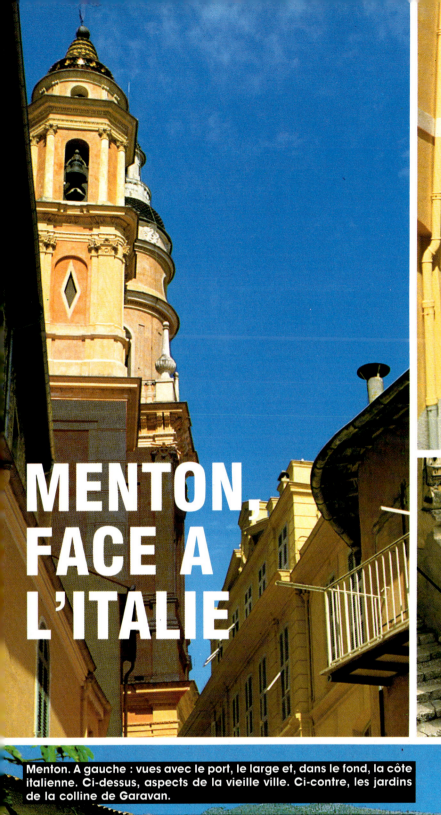

MENTON, FACE A L'ITALIE

Menton. A gauche : vues avec le port, le large et, dans le fond, la côte italienne. Ci-dessus, aspects de la vieille ville. Ci-contre, les jardins de la colline de Garavan.

Ville-frontière avec l'Italie, Menton est, selon Maupassant, « la plus saine et la plus chaude des villes d'hiver ». Et Lord Byron parle de ce « pays qui fait penser au paradis ». Un autre poète y est présent, Jean Cocteau qui décora, à l'hôtel de ville, la salle des mariages et qui a son petit musée sur le port. Menton évoque aussi le souvenir de la romancière Katherine Mansfield : atteinte de tuberculose, elle vint tenter de se guérir dans ce site attachant, qui peut se vanter d'avoir un des meilleurs climats d'Europe.

L'ARRIERE-COTE D'AZUR

Deux vues des routes dites des « Corniches ». A droite, un important monument romain : « Le trophée des Alpes » à La Turbie et le sanctuaire de Notre-Dame-de-Laghet.

Après avoir franchi le col d'Eze, on atteint La Turbie, célèbre par le trophée d'Auguste, ou « trophée des Alpes », construit en l'an V avant J.-C. Il marquait le triomphe de l'empereur « sur tous les peuples alpins, depuis l'Adriatique jusqu'à la Méditerranée, soumis à l'Empire Romain », ainsi que l'indique l'inscription gravée sur son socle.
De Nice, on peut également se rendre à La Turbie par une route intérieure qui remonte le vallon de Laghet vers le sanctuaire de Notre-Dame-de-Laghet. Ce dernier contient un véritable musée d'ex-voto. La Madone, à qui l'on attribue de nombreux miracles, est encore vénérée de nos jours, notamment lors du pèlerinage annuel.

Villages perchés de l'arrière-Côte d'Azur : Sainte-Agnès, sur cette page, et, à droite, Gorbio.

L'arrière-pays niçois, au relief très contrasté, est déjà l'antichambre des Alpes, dont on aperçoit les sommets enneigés à l'horizon. Perchés dans un souci de guet et de défense, les villages actuels viennent en ligne directe des bourgs médiévaux. Gorbio, à 435 m d'altitude, domine Roquebrune. Les ruelles de ce vieux bourg, pavées de galets et reliées par des arcades et des voûtes, sont très pittoresques.
Remarquable par sa situation, à 650 m d'altitude, le village de Sainte-Agnès, au pied d'une falaise de calcaire, se fond admirablement dans le paysage. Il se termine par une esplanade d'où l'on jouit d'une vue unique sur Menton et le mont Agel.

Petite place et, en bas, arcades et fenêtres à Sospel. Au centre : le bourg médiéval de Peillon et, à droite, la citadelle d'Entrevaux.

Sospel est une fraîche station alpine, au creux d'un bassin verdoyant. Le vieux pont, détruit en 1944, a été reconstruit. Quelques maisons médiévales, l'église Saint-Michel, qui date de 1641, les ruines d'un couvent et une tour d'angle des remparts sont les principaux attraits de cette petite ville.
Le bourg de Peille et, un peu plus bas, celui de Peillon, tous deux situés dans la vallée du Paillon, le second sur un étroit éperon rocheux, sont parmi les plus spectaculaires de la Côte d'Azur.
Dans la haute vallée du Var, le bourg et la citadelle d'Entrevaux, remarquable ensemble conçu par Vauban entre 1692 et 1706, n'ont pas changé depuis lors. Perchée 150 m au-dessus d'Entrevaux, la citadelle s'y rattache par une rampe en lacets que contrôlent plus de vingt portes garnies de bastions.

Sur cette page : la belle nature de Coaraze et venelles à Tourette-Levins et Castagniers. A droite, vues de Coaraze, Lucéram et, dans son site grandiose, La Bollène.

On peut voir à Coaraze des cadrans solaires de céramique, dont l'un est signé Jean Cocteau. Tourette-Levens est un village suspendu à un rocher, dont la petite église abrite un beau retable en bois sculpté. Le précieux site du comté de Nice, Lucéram, est connu pour son Noël des bergers : chaque année, des pâtres descendus des montagnes avoisinantes, au son aigrelet des fifres et des tambourins, viennent apporter en offrande à l'église des agneaux et des fruits.
La Bollène-Vésubie est un agréable lieu de séjour, entouré d'une magnifique forêt de châtaigniers. Ses rues se faufilent entre de vieilles maisons du 18ᵉ siècle et mènent toutes à l'église.
La vallée de la Vésubie — un affluent de la rive gauche du Var — est réputée pour ses gorges sauvages.

La baie des Anges au soleil couchant.

Crédits : d'Amboise/Pix 21b, 25c, 29b, — Aris/Pix 9a, 10b, 13a, 15b, c, 16a, 17a, 22b, 33a, d — Arthaud/Pix 94b, 100a — Ball/Diaf 77a — Barbier/Diaf 12b — Beck/Vloo 89b — Belly/Diaf 3 — Ber/Atlas 7b — Berenger/Pix 26c, 62a, b — Berne/Fotogram 75c — Boutin/Vloo 69b, 81a, d, 83c, 108 — Charles/Atlas 6b — Chaveyron/Atlas 24b — Clasen/Vloo 33c, 36a — Corniglion/Atlas 20a, 37b, 58b, 59a, d — Corte/Vloo 55b — Czeslaw-Pyszel/Pix 4 — Degeorges/Atlas 52a — Dusart/Pix 44a, b — Faure/Scope 47b, 55a, 57c, 59c, 61b, 65c, d, e, 69a, c, 92b, 93b — Fiore 5b, 7a, c, 19b — Flying Camera/Pix 18b, 31a, b, c, 49a — Froissardey/Atlas 12a, 25d — Garbison/Fotogram 53e — Garcin/Diaf 77d — Gauthier/Pix 56c, 60a, 61a — Geay/Lauros 85c — Gerard/Fotogram 53d — Gontscharoff/Pix 93a, 95b, 97a, c, d, 102a, 105a, 106b — Guillard/Scope 8a, 15c, 17b, e, 28a, b, 30b, 32b, 35b, 36c, 48b, 52c, 53b, 59e, 60b, 64b, c, 65b, 66b, 67f, 88b, 89, 96b, 102c, 103d, 104a, 105b, 106a, 107, 109a, c, 110a, 111a, b — Halary/Pix 23, 50 — d'Heilly/Atlas 5a — d'Herouville/Pix 101b — d'Hoste/Pix 36d — Hureau/Atlas 102b — Jalain/Explorer 43a — Jolivalt/Pix 93d, 94a — Klein/Pix 28c — La Cigogne/Pix 56d, 71b, c, 76a, 83a, 87b, 90a, 94c, 95c, 111c — La Goëlette/Pix 17d, 27b, 42c, 54b, 56a, 108b, 109b — Laitier/Vloo 6a — Laval/Vloo 18a, 19a — Leeron/Atlas 20b, 30a — Lenars/Atlas 75b, d, 78a — Lepage/Vloo 95a — Leprochon 35a, 39b, c, 40b, 41e, 58c, 70a, 77c, 82a, 84a, b, c — Mangtavaca/Vloo 37a, 38a, 80a — Mar/Pix 31a, 44c, 101a — Mathers/Pix 39a, 54a, 85a, b — Meauxsoone/Pix 13b — Messerschmidt/Vloo 42a, b, 96a — Mille/Pix 99a — Momy/Atlas 25a — Montferrant/Vloo 54c — Nahmias/Top 72b, 100c — Pavard/Fotogram 80c — Petit/Atlas 14c, 35c, 51b, 71a — Pix 21a, 29a, 45b, 46a, 47c, 48c, 49b, 63a, b, c, 67a, 68a, 86a, 87c, 92, 93c, 104b, 105c, 110b, c — Poinot/Pix 57a, b — Pratt-Priès/Diaf 73a — Putatti/Vloo 89c — Regent/Diaf 74b, 76b — Rella/Pix 15d, 16b, 17c, 25c, 45a — Revault/Pix 43b, 48a, 51a, 55b, 9b, 13c, 14a, b, 22a, 33b, 38b, 40a, 41a, d, 46b, 58a, 60c, 62c, 64a, 69d, 99c — Rouzeaud/Pix 53c, 70b, 86b, 87b, 91b, 103a, b, c — Roy/Explorer 41c — Sarramon/Pix 20c, 24a — Sierpinski/Scope 25b, 26a, b, 27a, 29c, 47a, 53a, 56b, 68b, 87a, 88a, c, 90b, 91a, c — Soriano/Atlas 74a — Spectrum/Vloo 52b — Sudres/Scope 10a, 11a, b, 36b, 37c, 81c, 83b, 97b, 98a, b, 99b, 101c — Tesson/Vloo 32a — Thierry/Diaf 34b — Thouvenin/Explorer 41b — Valarcher/Pix 65a, 67b, 87e — Ville de Nice 75a, 78a, 79b, 80b, 81b, e, 82b, 112 — Volka/Atlas 38c — Watteau/Vloo 66a — Yolka/Atlas 15a.

N° d'Editeur : 2158
I.S.B.N. : 2-263-02087-X

Printed in Spain